2022 개정 수학 교과를 대비하는
스토리텔링 수학 교과서!

나무꾼은 길이 재기로 도끼를 찾았어

초등 1·2학년 수학동화 시리즈 ❾
나무꾼은 길이 재기로 도끼를 찾았어

1판 2쇄 발행 2025년 10월 24일

글쓴이	고자현
그린이	최명미
수학놀이	수랄라쌤(고해영)
감수	김명현, 서재희, 최광식

편집	허현정
디자인	이재호

펴낸이	이경민
펴낸곳	㈜동아엠앤비
출판등록	2014년 3월 28일(제25100-2014-000025호)
주소	(03972) 서울특별시 마포구 월드컵북로 22길 21, 2층
홈페이지	www.moongchibooks.com
전화	(편집) 02-392-6901 (마케팅) 02-392-6900
팩스	02-392-6902
전자우편	damnb0401@naver.com
SNS	

ISBN 979-11-6363-892-6 (74410)
　　　979-11-6363-749-3 (세트)

※ 책 가격은 뒤표지에 있습니다.
※ 잘못된 책은 구입한 곳에서 바꿔 드립니다.

도서출판 뭉치는 ㈜동아엠앤비의 어린이 출판 브랜드로, 아이들의 지식을 단단하게 만들어 주고, 아이들의 창의력과 사고력을 키워 주어 우리 자녀들이 융합형 창의 사고 뭉치로 성장할 수 있도록 좋은 책을 만들겠습니다.

초등 1·2학년
수학동화

2022 개정 수학 교과를 대비하는
스토리텔링 수학 교과서!

✓ 길이 재기
✓ 무게와 들이 비교하기

나무꾼은 길이 재기로 도끼를 찾았어

글 고자현 • 그림 최명미 • 수학놀이 수랄라쌤(고해영)

뭉치
MoongChi Books

추천사

　수학이 재미있는 이야기로 꾸며진다면 어떨까요? 매일 동화책을 읽듯이 수학 공부를 하면 참 재미있을 거예요.

　사람들이 대부분 '수학' 하면 더하기, 빼기, 곱하기 같은 계산을 떠올리지만, 사실 수학은 우리들의 일상생활 속에서 시작되었어요. 아주 오랜 옛날부터 사람들은 물건을 세거나 계산해야 할 일이 생겨났거든요. 또 내가 기르는 양이 몇 마리인지, 수확한 사과가 몇 개인지 알아보려면 수가 필요했지요. 이렇게 해서 생겨난 것이 수학이랍니다.

　수학은 사람들의 호기심에서 시작되었기 때문에 수학에는 많은 이야기가 숨어 있어요. 사실 수학을 빼고 나면 "떡 하나 주면 안 잡아 먹지!"라고 하는 『해님 달님』 동화도 읽을 수 없고, "십 리도 못 가서 발병 난다."고 하는 '아리랑' 노래도 부를 수 없어요. 피라미드의 높이를 잰 것도, 지구의 둘레를 잴 수 있었던 것도 바로 수학이 있었기 때문이지요. 이야기 속에 어떤 수학이 숨어 있나 찾아보는 것도 즐거운 수학 공부가 될 수 있어요.

　이야기를 통해 수학을 배우면 배운 내용을 쉽게 그리고 오래 기억할 수 있어요. 지금보다 여러분이 더 어렸을 적 엄마 아빠가 들려준 이야기처럼 말이지요. 이 책을 읽다 보면 가끔은 이해가 되지 않는 부분도 있을 거예요. 하지만 걱정하지 말고 그냥 지나쳐도 괜찮아요. 아직은 배우지 않았지만 곧 학교에서 배우게 될 거니까요. 그때 지금 읽었던 이야기가 여러분 머릿속에 번쩍하며 떠오를 겁니다.

　애완견 '와리'와 '이야기 속 주인공'들이 함께하는 재미있는 수학 탐험으로 여러분을 초대합니다. 그동안 수학이 더하기, 빼기 같은 계산만 있다고 생각하였다면, 이젠 이야기 속 주인공들과 함께 수학이 어디에 쓰이는지, 수학이 왜 필요한지 이야기를 통해 자연스럽게 알게 될 거예요. 이 책을 읽는 어린이 여러분은 '혹부리 영감, 도깨비방망이'와 동화 속 이야기가 그러하듯이 수학동화 시리즈 속의 이야기를 통해 자유롭게 상상하고 맘껏 즐기길 바랍니다. 수학은 여러분이 생각하는 것보다 훨씬 재미있고 흥미진진합니다. 그러다 보면 어느새 수학은 재미없는 계산 문제가 아니라 호기심 가득한 신나는 '장난감'이 될 거예요.

서울노일초등학교 교사 김남준

작가의 말

여러분에게는 비밀 친구가 있나요? 이를테면 엄마 아빠한테도 말하지 못한 비밀을 슬쩍 털어놓는 친구 말이에요. 저에게는 있답니다. 그 친구에게 저만의 비밀 친구가 되어 달라고 마구 졸랐어요. 왜냐하면 그 친구는 매번 재미난 모험을 떠나는데, 그 이야기가 너무 재미있었거든요. 제 비밀 친구의 이름은 바로, 강아지 '와리'예요.

이상한 학교에 다니는 와리는 귀엽고 용감한 강아지예요. 친구들의 일이라면 발 벗고 나서서 도와주지요. 다른 강아지와 달리 와리는 수학을 아주 잘해요. 그래서 와리와 이상한 학교 친구들의 모험에는 수학이 빠지지 않아요. 그게 무슨 말인지 궁금하다고요?

『나무꾼은 길이 재기로 도끼를 찾았어』에서 와리는 '이상한 학교' 친구들을 만나 길이 재기, 무게 비교하기, 넓이와 들이 비교하기를 배우지요. 누구보다 정확한 기준으로 땔감에 쓸 나무를 하던 나무꾼은 와리가 연못에 빠뜨린 쇠도끼를 길이 재기로 찾지요. 또 농군이보다 좋은 선물을 가지고 싶었던 사또는 무게 비교하기를 통해 무거운 것을 선택하지만 된통 당하지요. 한편 의좋은 형제로 불린 한 형제는 넓이와 들이를 비교해 서로에게 더 좋은 것을 주려고 하고요. 우아! 너무 재밌지 않나요?

여러분, 알고 보면 수학은 우리 생활 곳곳에 있어요. 와리가 신나는 수학 모험을 통해 초등학교 1~2학년 수학 교과서에 나오는 측정과 단위를 배운 것처럼, 여러분도 일상생활 속에 숨겨진 수학을 발견해 보세요. 혹시 또 알아요? 여러분도 와리처럼 수학을 좋아하고 잘하게 될지도 모르잖아요. 그럼, 지금부터 와리와 함께 신나는 수학 모험을 떠나 보세요.

동화 작가 고자현

엄마를 위한 새 수학 교과서 소개

　예전의 수학 교과서는 공식과 문제 풀이 위주의 딱딱한 내용들로 가득 차 있었습니다. 하지만 아이들이 이렇게 수학을 공부하면 금세 흥미를 잃고 배운 내용도 잊어버리고 말지요. 그래서 2012년 1월, 교육과학기술부에서는 수학 교과서의 구성을 스토리텔링으로 바꾸겠다고 발표했습니다.

　스토리텔링 수학은 수학 내용과 관련 있는 소재와 상황 등을 동화로 꾸며 쉽고 재미있게 배우는 수학 학습법입니다. 또한 2015 개정 교육과정이 적용된 수학 교과서는 형식은 스토리텔링 수학을, 내용에서는 실생활 연계 통합교과형(STEAM) 수학을 보여 주었습니다. 또한 학습 내용을 기존 교과서보다 20%나 줄이고 쉽게 조정하는 대신 다양한 교구를 활용한 활동을 늘렸습니다. 수학을 놀이처럼 즐기면서 자연스럽게 수학 학습을 할 수 있도록 하였습니다.

　한편 2022 개정 교육과정에서 초중등 수학의 목표는 '초등과 중등의 연계성 강화'입니다. 이를 위해 교과 영역을 통합하고 과정을 간소화

합니다. 즉 크게 수와 연산, 변화와 관계, 도형과 측정, 자료와 가능성 등 4개 영역으로 통합하였습니다.

그렇지만 여전히 단원 시작은 스토리텔링을 통해 학생들의 호기심과 흥미를 유발합니다. 또한 수학 교과서가 검정으로 바뀐 뒤 학교마다 다른 교과서를 사용하지만 학년별로 알아야 할 수학 성취 기준 내용은 공통입니다.

<초등 1·2학년 수학동화> 시리즈는 이러한 수학 교육의 변화에 맞춘 학습 동화입니다. 아이들에게 익숙한 전래동화와 명작동화 이야기로 학습 내용을 구성하여 자연스럽게 수학 지식을 익히도록 하였습니다. 책 속 부록인 <개념이 쏙쏙 들어오는 엄마표 수학놀이>는 교과서의 내용을 확장한 체험 및 놀이 영역을 반영하여, 가정에서 부모님이 아이들과 함께 재미있는 놀이로 책을 통해 배운 내용을 복습할 수 있게 구성되어 있습니다.

전래동화와 명작동화 속 주인공들이 펼치는 신나는 모험 이야기를 따라가다 보면 아이들은 어느새 새로운 수학 개념과 문제 해결 방법을 깨닫게 되는 경험을 하게 될 것입니다.

편집부

전래동화도 함께 읽어 보세요

『금도끼 은도끼』에서 착한 나무꾼은 나무를 하기 위해 산으로 갔어요. 하루는 나무를 하다가 그만 도끼를 연못에 빠뜨리고 말았지요. 그때 연못 앞에서 엉엉 울며 슬퍼하던 나무꾼 앞에 산신령이 나타났어요. 산신령은 나무꾼의 이야기를 들은 뒤 금도끼, 은도끼, 쇠도끼를 차례로 들고나와 어떤 도끼를 잃어버렸는지 물었어요. 나무꾼은 쇠도끼만 자신의 것이라고 말했어요. 그러자 산신령은 나무꾼의 쇠도끼뿐만 아니라 금도끼, 은도끼까지 모두 주었어요. 나무꾼은 금도끼와 은도끼를 팔아 마을에서 가장 큰 부자가 되었어요.

『우렁이 각시』는 산골에 사는 농부 앞에 갑자기 나타난 우렁이 이야기예요. 어느 날, 농부 앞에 우렁이가 나타났어요. 농부는 우렁이가 걱정되어 집으로 데리고 오지요. 그런데 자고 일어나 눈만 뜨면 밥이 차려져 있고, 집 안도 말끔하게 정리되어 있었어요. 신기한 일이 계속 일어나자 농부는 일하러 나간 척하고는 숨어 무슨 일이 일어나는지 지켜보았어요. 그러자 우렁이가 아름다운 여인으로 변해서는 음식도 하고 집 안도 치운 것이었지요. 농부는 여인을 붙잡아 이게 무슨 일인지 물었어요. 그러자 여인은 자신은 바다 용왕의 딸로, 아버지 몰래 인간 세상을 구경 나왔다가 벌을 받아서 우렁이가 되었다고 하지요. 농부는 우렁이 여인에게 곧바로 청혼했고, 둘은 부부의 연을 맺었어요. 그런데 얼마 뒤 농부의 아내가 아름답다는 소문을 들은 고을 사또가 농부에게 말도 안 되는 내기를 걸어 아내를 빼앗으려고 했어요. 하지만 농부를 든든히 지켜 주고자 했던 우렁이 각시는 신비로운 힘을 발휘해 모든 내기에서 이겼어요. 결국 사또는 우렁이 각시를 포기했어요.

『의좋은 형제』는 무슨 일이든 서로 도우며 함께하는 형과 아우의 이야기예요. 한 마을에 '의좋은 형제'로 불린 한 형제가 농사를 지어 큰 수확을 거뒀어요. 아우는 식구가 많은 형에게 벼가 더 필요할 것이라고 생각했고, 형은 새살림을 시작한 아우에게 벼가 더 필요할 거라고 생각했어요. 늦은 밤, 형과 아우는 자신의 볏단을 덜어 서로의 낟가리로 옮겨 놓았어요. 하지만 다음 날 줄지 않은 낟가리를 보고 형과 아우는 의아해했어요. 밤이 깊어 또다시 볏단을 나르던 형과 아우는 밝은 달빛 아래에서 서로 마주치게 됐어요. 이날 형제는 서로 얼싸안고 눈물을 흘렸어요. 그 후로도 서로 돕고 양보하며 살았대요.

이야기 속 친구들을 소개합니다

와리

시우가 학교에 갈 때 나도 '이상한 학교'에 가. 이상한 학교는 동화 속 유명한 주인공들만 다니는 학교야. 난 학교에서 친구들과 노는 게 너무 좋아. 가끔은 어려움에 처한 친구들을 도와줘.

시우

요즘 들어 와리 녀석이 수상해. 놀자고 보채지도 않고, 늦게까지 싸돌아다니다가 들어와. 나같이 바쁜 초등학생처럼 군다니까.

나무꾼

난 숲속에서 땔감으로 쓸 나무를 잘 찾아. 와리와 함께 땔감을 마련하던 중 와리가 그만 연못에 쇠도끼를 빠뜨렸어. 과연 쇠도끼를 찾을 수 있을까?

산신령

이상하게 연못에 무언가를 빠뜨리는 사람이 많아. 금도끼, 은도끼, 쇠도끼의 주인은 누구일까?

농군

난 누구에게나 친절해. 함께 살던 우렁이 각시가 사라지고 난 뒤 슬픔에 빠졌어. 우렁이 각시를 다시 만날 수 있을까?

사또

내 것은 내 것, 남의 것도 내 것이야. 용왕님이 농군이와 박씨를 나눠 가지라는데, 내가 더 좋은 것을 가져야겠어. 만약 농군이의 박에서 더 좋은 것이 나오면 바로 빼앗을 거야.

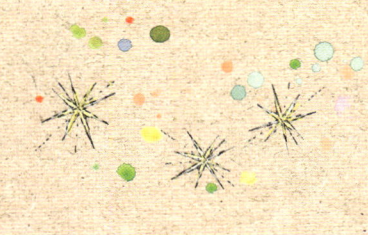

형

나는 아우와 사이가 좋아. 내가 선물로 받은 항아리를 아우에게 한 개라도 더 주고 싶어.

아우

나는 형과 사이가 좋아. 식구가 많은 형에게 더 넓은 땅을 주고 싶어.

차례

추천사 • 4
작가의 말 • 6
엄마를 위한 새 수학 교과서 소개 • 8
전래동화 및 등장인물 소개 • 10

이야기 하나

나무꾼은 길이 재기로
도끼를 찾았어 • 18

길이 재기와 비교하기

이야기 둘

우렁이 각시가 가져온
선물은 무엇일까? • 36

무게 비교하기

이야기 셋

의좋은 형제는
서로 양보해 · 58

넓이와 들이 비교하기

책 속 부록

개념이 쏙쏙 들어오는 엄마표 수학놀이 · 78

유튜브 '수랄라TV'의 수랄라쌤이 추천하는 수학놀이로 개념과 원리를 다져요!

- **수학놀이 1** 폭탄을 찾아라
- **수학놀이 2** 나는야, 길이 재기 박사
- **수학놀이 3** 색종이를 뒤집어라
- **수학놀이 4** 양팔저울이 된 나
- **수학놀이 5** 가위바위보 물 옮기기

"친구들이랑 사이좋게 지내고, 선생님 말씀 잘 듣고!"

엄마가 학교에 가는 시우에게 말했다.

"네!"

시우가 씩씩하게 대답했다.

그때마다 나도 속으로 '네!' 하고 대답한다. 왜냐하면 나도 '이상한 학교'에 가니까. 아직까지 우리 집 식구들은 내가 이상한 학교에 다니는 걸 모른다.

학교에 가면 즐겁다. 다들 날 보면 반갑게 인사하거나, 웃긴 장난을 치니까. 공부하는 것만 빼면 학교에 매일 가고 싶다. 시우도 마찬가지겠지?

이상한 학교 수업을 마치고 집으로 돌아가는 길이었다. 저 앞에 나무꾼이 느릿느릿 걸어가고 있었다.

나는 나무꾼을 놀라게 할 생각에 살금살금 걸어갔다. 그러고는 나무꾼 등을 세게 쳤다.

"왕!"

"으앙."

갑자기 나무꾼이 울음을 터뜨렸다.

"앗, 미안해. 그냥 장난이었는데……."

"와리야, 너 때문이 아니야. 내가 슬픈 일이 있어서 그만 울음이 터진 거야."

마음 착한 나무꾼은 미안해하는 날 더 걱정했다.

"무슨 일이야? 혹시 내가 도와줄 수 있는 일이야?"

"그게 말이지. 땔감으로 쓸 나무를 해야 하는데 오늘까지 다 못 할 것 같아서."

"꼭 오늘까지 해야 하는 거야?"

"내일부터는 눈이 아주 많이 온대. 나무가 젖으면 땔감으로 쓸 수

없거든."

"이런……."

"아픈 어머니가 집에서 오돌오돌 떨고 있을 모습이 떠올라서 나도 모르게 그만. 으아아앙!"

나무꾼이 다시 울기 시작했다.

나무꾼은 홀어머니와 함께 살았는데, 날마다 부지런히 일해 어머니를 정성껏 보살폈다.

"가자, 나무꾼아! 내가 도와줄게!"

"정말? 고마워!"

나무꾼은 땔감으로 쓸 수 있는 나무가 있는 곳으로 나를 데려갔다.

'어휴, 생각보다 꽤 많은걸. 하지만 우리가 힘을 합치면 못 할 것도 없지!'

"와리야, 어쩌지? 내가 도끼가 한 자루라서. 너는 내가 장작을 패면 가져갈 수 있도록 정리해 줘."

"좋아. 오, 이게 도끼구나. 도끼는 처음 봐."

"꽤 낡았지? 얼른 돈 벌어서 좋은 도끼로 바꾸고 싶어."

"나무꾼아, 내가 한번 해 봐도 돼?"

"물론."

나는 나무꾼이 가르쳐 준대로 도끼질을 했다. 하지만 꽤 어려웠다. 난 맨날 이 일을 하는 나무꾼이 대단하게 느껴졌다.

"와리야, 땔감으로 쓸 나무는 세웠을 때 바닥에서 내 무릎까지의 길이이거나, 더 짧으면 돼. 그게 우리 집 아궁이에 딱이거든."

나는 첫 번째 땔감 나무를 들어 나무꾼의 종아리에 대어 보았다.

"이건 네 종아리보다 많이 기네."

"이걸 반으로 자르면 될 것 같아."

나무꾼의 말에 나는 나무를 반으로 잘랐다. 그런 다음 나무꾼의 무릎에 대어 보았다.

"어! 이 나무는 딱 네 무릎까지의 길이야."

"와리야, 아주 잘했어. 그럼 이 나무를 기준으로 길이를 맞추면 될 것 같아."

나는 나무꾼에게 검사 받은 나무를 기준으로 다른 나무를 잘랐다. 헷갈리지 않게 처음 자른 나무에 '기준'이라고 표시를 했다. 그런 다음 나무를 자를 때마다 기준이 되는 나무와 비교했다.

"이 나무는 기준 나무와 비슷하니, 합격!"

나무꾼은 날 보며 빙그레 웃었다.

"흠…… 이건, 기준 나무보다 긴걸. 그렇다면 이렇게 반으로 자르면

기준 나무하고 같은 길이의 나무 하나, 짧은 나무 하나, 두 개가 되었네!"

기준 나무에 맞춰 나무의 길이를 확인하며 도끼질을 했다. 그랬더니 어느새 도끼가 손에 익었다.

"와리, 넌 못하는 게 없구나. 이제 재어 보지 않아도 딱 그 길이네. 일을 참 잘하네."

나무꾼은 내가 작업한 나무를 보며 칭찬했다.

'더 열심히 도와줘야겠군!'

나무꾼의 칭찬에 기분이 좋아진 나는 있는 힘껏 도끼를 쳐들어 나무를 내리찍었다.

"앗!"

도끼질을 하던 나는 그만 손에서 도끼를 놓치고 말았다. 그런데 도끼가 저 멀리 연못으로 날아갔다.

풍덩.

'설마 나무꾼의 도끼가?'

"안 돼, 내 유일한 도끼가 연못에 빠져 버렸어!"

"나무꾼아, 미안해. 내가 얼른 건져 올게."

나는 젖 먹던 힘을 다해 연못으로 달려갔다. 하지만 도끼는 이미 연

못 깊이 빠졌는지 보이지 않았다. 뒤따라온 나무꾼이 그대로 주저앉아 큰 소리로 울기 시작했다.

"내 도끼, 으아아앙!"

나도 미안한 마음에 나무꾼을 따라 울기 시작했다.
"으아아앙."
연못가에는 우리 둘의 울음소리가 크게 울려 퍼졌다. 그때 연못 속에서 하얀 옷을 입은 할아버지가 나타났다.
'앗, 저분은 소문으로만 듣던 산신령님?'

나는 울음을 그치고 산신령을 쳐다보았다.

"아휴, 왜 이렇게 시끄러워."

"산신령님, 도와주세요!"

"도대체 무슨 일로 그리 슬피 우는고?"

"제가 나무꾼을 도와주다가 그만 도끼를 연못에 빠뜨렸어요."

"와리가 저를 도와주려다가 그런 거라서……. 그런데 제 유일한 도끼라서, 와리한테 괜찮다고 말할 수 없어서 속상해서 울었어요."

"허, 듣고 보니 참 가여운 상황이로구나. 잠시 기다려라."

산신령은 하얀 연기를 일으키며 물속으로 사라졌다. 잠시 후, 산신령은 금도끼를 들고 나타났다.

"나무꾼아, 이 금도끼가 네 도끼냐?"

나는 눈부신 금도끼에 마음을 빼앗겼다.

'저 도끼라면 나무꾼이 더 이상 땔감을 하지 않아도 될 텐데…….'

나는 나무꾼이 자기 도끼라고 말하길 바랐다.

"아니요."

나무꾼이 자기 도끼가 아니라고 하자 나도 모르게 이런 말이 튀어나왔다.

"네, 맞아요!"

산신령은 나와 나무꾼을 번갈아 보며 쳐다보았다. 그때 나무꾼이 말했다.

"제 도끼는 길이가 제 팔 정도입니다. 제 팔 길이보다 긴 도끼는 제 도끼가 아닙니다."

산신령은 금도끼를 나무꾼의 팔에 가져가 길이를 비교했다.

"네 말대로 이 도끼는 너의 팔 길이보다 많이 길구나. 그럼 잠시만 기다려 보아라."

산신령은 조금 전처럼 펑 하고 사라졌다가 다시 나타났다. 이번에는 은도끼를 들고 나타났다.

"그럼 네 팔 길이와 같은 이 은도끼가 네 도끼냐?"

산신령은 나무꾼의 말에 은도끼를 가져다 길이를 비교했다. 나는 제발 나무꾼이 자기 도끼라고 말하길 바랐다.

"산신령님, 이 은도끼의 길이는 제 팔 길이와 같지만, 제 도끼는 볼품없는 쇠도끼입니다."

"허허허, 그럼 바로 이것이 네 것이로구나."

산신령이 입고 있던 옷 안에서 낡은 쇠도끼를 꺼냈다.

조금 전 내가 연못에 빠뜨렸던 바로 그 도끼였다.

"산신령님, 맞습니다. 제 도끼를 찾아 기쁩니다. 정말 감사합니다."

"허허허, 오랜만에 만나는 아주 정직한 사람이로구나. 이건 너에게 주는 내 선물이다. 금도끼 은도끼도 모두 가져가거라, 허허허허."

"감사합니다, 산신령님!"

산신령이 갑자기 나를 향해 고개를 돌렸다.

"그리고 와리라고 했던가?"

"네? 네……."

"좀 전에 금도끼가 나무꾼의 도끼라고 했던 건, 네 것이 아니기에 그렇게 말한 것이지?"

산신령의 지적에 나는 어색하게 웃었다. 하지만 비밀을 들킨 것 같아 뜨끔했다.

"음…… 사실은 나무꾼 집 형편이 어렵습니다. 오늘 땔감으로 쓸 나무를 다 못 하면 집에 있는 아픈 어머니가 추위에 떨어야 하거든요."

"저런."

"반짝이는 금도끼를 받으면, 제 친구 나무꾼이 새 도끼도 사고 어머니와 따뜻하게 지낼 수 있지 않을까 해서…… 거짓말을 했어요. 죄

송합니다."

"허허허허, 보기와는 달리 아주 착한 강아지로구나. 선물을 줘야겠구나."

산신령은 이번에도 입고 있던 옷 안에서 무엇인가를 꺼냈다.

"너는 세상에서 가장 귀여운 꼬리를 가져서, 많은 친구들이 잡아당기고 싶어할 거다. 자, 이 '꼬리 장갑'을 끼고 다니면 친구들 눈에 꼬리가 보이지 않을 거다."

나는 산신령이 내미는 꼬리 장갑을 조심스레 받았다. 마치 처음부터 내 것인 양 꼬리 장갑은 내 꼬리에 딱 맞았다.

"와, 제 꼬리의 길이와 똑같아요. 꼬리에 꼭 맞습니다. 산신령님, 감사합니다."

"오랜만에 착한 아이들을 만나서 나도 즐거웠단다. 그럼 난 바빠서 이만."

퐁! 소리와 함께 눈앞에서 산신령이 사라졌다. 마치 꿈을 꾼 것 같았다.

집으로 돌아오니 어쩐 일인지 시우가 즐거운 얼굴을 하고 있었다. 거실 한쪽 벽에 표시해 둔 120센티미터 표시에 시우의 키가 딱 맞았던 것이다.

"내 키가 120센티미터가 되었으니, 나도 놀이동산에서 놀이 기구를 탈 수 있어!"

'키 크고 싶어서 골고루 먹기 시작하더니, 무럭무럭 자랐네.'

시우가 기뻐하는 걸 보니 나도 덩달아 기뻤다.

그런데 나에게도 기쁜 일이 있다. 내 꼬리 길이와 똑같은 꼬리 장갑이 생긴 거다. 물론 내 귀여운 꼬리를 뽐내고 싶을 때는 가끔 벗을 거지만 말이다.

길이를 재어 볼까요?

길이란 물체나 선분의 한쪽 끝에서 다른 쪽 끝까지의 거리를 말합니다. 예를 들어 책의 가로 길이가 몇인지를 알고 싶다면 책의 가로의 왼쪽 끝에서 오른쪽 끝까지 재면 알 수 있습니다. 이때 길이는 막대자를 이용해서 잴 수도 있고, 손가락이나 클립 등을 활용해서 잴 수도 있습니다. 자를 통해 길이를 좀 더 자세히 알아볼까요?

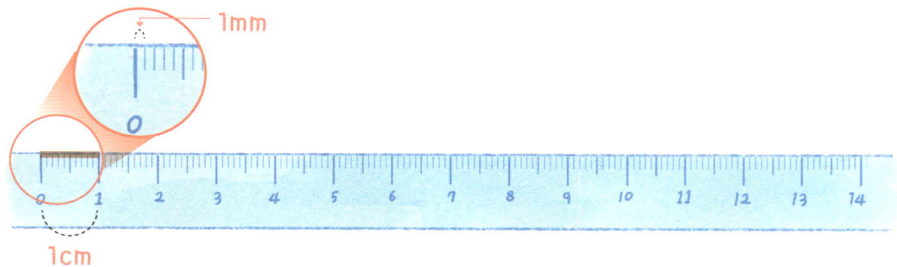

그림의 ▬의 길이는 1cm라 쓰고 1센티미터라고 읽습니다. 이때 1cm를 10칸으로 똑같이 나누었을 때 작은 눈금 한 칸의 길이를 1mm라 쓰고 1밀리미터라고 읽습니다.

★ 연필과 지우개의 길이를 재어 보세요.

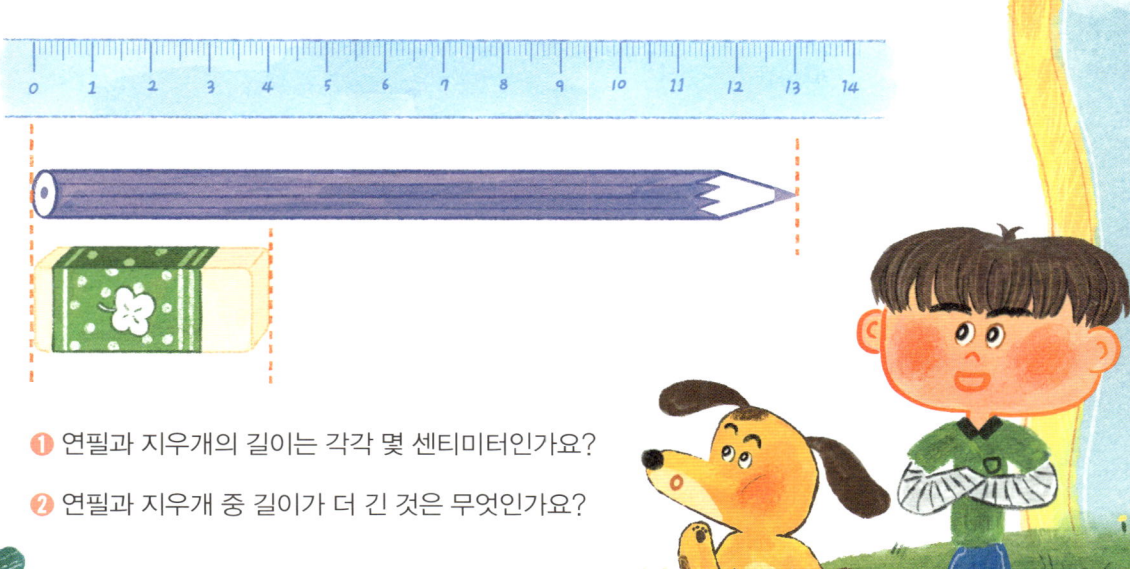

❶ 연필과 지우개의 길이는 각각 몇 센티미터인가요?

❷ 연필과 지우개 중 길이가 더 긴 것은 무엇인가요?

정답: ① 연필 13cm, 지우개 4cm ② 연필

이상한 학교에 가는 날은 언제나 즐겁다. 매일이 '월화수목금금금'이었으면 좋을 텐데, 아마도 시우는 '월화수토토토일'이길 바라겠지? 나는 오늘도 즐거운 마음으로 친구들에게 인사를 했다.

"안녕, 얘들아!"

"안녕, 와리야!"

다들 즐거워 보였다.

그런데 갑자기 우울한 목소리가 들렸다.

"난 안녕 못 해, 와리야."

교실 맨 끝에 앉은 농군이었다.

"농군아, 무슨 일이야?"

"전에 내가 우리 집에 새로운 식구가 생겼다고 얘기했지?"

"어, 우렁이 각시."

"우렁이 각시가…… 사라졌어. 으아아아앙!"

농군이는 참았던 울음을 터뜨렸다.

한참을 운 뒤, 농군이는 그동안 있었던 일을 털어놓았다. 농사를 짓던 농군이가 밭에서 우연히 우렁이를 발견했다. 농군이는 우렁이가 사람들에게 밟힐까 봐 조심히 집으로 데려와 항아리에 넣어 두었다. 그런데 다음 날 우렁이는 아름다운 여인으로 변해, 농군이가 일하러 나간 사이 맛있는 밥을 만들어 놓았다고 했다. 그렇게 한동안 농군이와 우렁이 각시는 잘 지냈다. 그런데 갑자기 마을 사또가 집에 들이닥쳐 우렁이 각시를 데려갔다는 것이다.

"우렁이 각시를 다시 집으로 데려오고 싶은데……."

"당연하지! 꼭 다시 데리고 와야지!"

"더 큰 문제는 우렁이 각시 아버지인 용왕님이 이 사실을 알고 화가 나서 우렁이 각시를 데려갔다는 거야."

"엥? 사또가 문제가 아니었네?"

"매일 맛있는 밥을 만들어 주고, 집 안도 깨끗하게 청소해 줬는데. 고맙다는 말도 못했어. 다시 난 혼자야. 으아아앙, 내 각시!"

나는 우는 농군이를 토닥토닥 위로했다.

'에휴, 어른이라고 해서 모두 착하고 철이 든 건 아니구나!'

언젠가 옆집 할머니가 '사람의 인상은 곧 그 사람의 마음'이라고 했는데, 그런 걸까? 사실 사또의 첫인상은 몹시 심술궂어 보였다. 사또 때문에 농군이가 우렁이 각시와 헤어졌다니!

며칠 뒤, 용왕으로부터 선물 상자가 왔다. 그런데 그 선물 상자가 사또에게 보내졌다. 그러자 마을 사람들은 농군이와 사또에 대해 이런저런 이야기를 했다.

"아니, 우렁이 각시를 보살핀 건 농군이인데, 선물을 사또 앞으로 보냈다며?"

"어쨌든 용왕님 입장에서는 자신의 딸을 무사하게 지켜준 것에 대한 보답이겠지."

"분명 사또가 자기도 농군이처럼 우렁이 각시에게 잘해 줬다고 거짓 소문을 퍼뜨렸을 거야."

"설마 사또 혼자서 그 선물을 다 갖는 건 아니겠지?"

"에이, 사또가 그렇게까지 욕심쟁이려고."

"근데 용왕님이 준 선물이 뭔지 궁금한걸."

마을을 떠돌던 이 이야기는 욕심 많은 사또의 귀에도 들어갔다.

하루는 사또가 마을 사람들을 한곳에 불러 모았다.

"용왕님께서 나와 농군이에게 고맙다며 선물을 보내왔다. 모두가 보는 앞에서 이 선물을 똑같이 나누겠다!"

사또는 하는 말과 다르게 얼굴 표정이 밝지 않았다. 아무래도 농군이와 선물을 나눌 생각에 속이 쓰린 것 같았다.

한편 사또의 말에 마을 사람들은 "웬일이야?" 하면서 수군수군거렸다.

모두가 잔뜩 기대한 가운데 사또가 선물 상자를 열었다. 그런데 세상에! 그 안에는 박씨 네 알이 든 종이봉투가 들어 있었다.

"뭐야, 저게 다야?"

"상자 안에 편지가 있어! 와리야, 네가 읽어 봐."

사또가 와리에게 편지를 건넸다. 보낸 사람은 용왕이었다.

내 딸을 돌봐 준 농군이와 사또에게 고마운 마음을 전한다.

제비가 '신비한 박씨'라는 것을 알려 주었는데, 흥부가 이 박씨로 부자가 되었다지?

너희 두 사람도 많은 이들의 존경을 받는 부자가 되길 바라며 이 선물을 내리노라. 박씨 네 알은 둘이서 알아서 나누도록 하여라.

용왕

와리가 편지를 다 읽고 나자, 사또가 말했다.

"나는 마음이 넓은 사람이므로, 이 박씨를 농군이와 공평하게 두 알씩 나눠 갖겠어."

사또는 당연한 말을 생색내며 말했다.

"거기, 편지 읽었던 강아지 와리. 이리 좀 와 봐."

"네?"

"내가 가져갈 박씨를 먼저 고르고 싶은데 말이다. 음. 왼쪽에서부터 박씨마다 1, 2, 3, 4번 번호를 써 놔야겠군. 자, 1번과 2번을 각각 한 손으로 들어 봐."

"이렇게요?"

"어느 것이 더 무거운가?"

"2번 박씨가 1번보다 더 무겁습니다."

"그래? 그러면 이제 2번과 3번을 아까와 같이 들어 봐."

"이번에도 2번 박씨가 더 무거워요. 3번은 2번 박씨보다 가벼워요."

"잘했다. 그럼 이번에는……. 그래, 2번과 4번 박씨를 들어 봐."

"어휴. 4번 박씨가 엄청 무거운걸요. 네 개의 박씨 중 4번이 가장 무겁네요."

내 말을 유심히 듣던 사또는 골똘한 표정으로 공책에 무언가를 막 적으면서 질문을 이어나갔다.

"자, 정리해 보면, 4번이 가장 무겁고, 그다음엔 2번 맞지?"

"네. 그다음 1번과 3번 중에서는 1번이 더 무거워요."

"그러면 무거운 순서는 4번, 2번, 1번, 3번이구나. 맞지?"

"네. 넷 중 가장 무거운 것은 4번, 가장 가벼운 것은 3번 박씨예요."

사또는 씨앗이 든 봉투를 뜯어 박씨의 크기를 확인했다.

"역시, 난 4번과 2번 박씨를 가져갈게."

사또는 넷 중 첫 번째와 두 번째로 무거운 박씨 두 개를 들고 부리나케 사라졌다.

'흥. 이럴 줄 알았으면 거짓말할 걸 그랬나?'

사또는 듣던 대로 욕심쟁이였다.

"농군아, 이거 공정하게 나눠 가져야 하지 않아? 무거운 것 한 개, 가벼운 것 한 개, 이런 식으로."

"선물인데 뭔들 어때. 그리고 사또님이 하라는 대로 하는 게 내 마음도 편해."

농군이는 남은 박씨 두 개를 들고 집으로 갔다. 이후 농군이와 사또는 각자 박씨를 심고 정성껏 길렀다.

몇 달 뒤, 가을이 찾아왔다. 박은 어느새 내 몸집보다 훨씬 커졌다. 사람들은 엄청난 금은보화가 있나 보다 하고 기대했다.

"이제 박을 타 봐야겠구나."

농군이와 사또가 박을 탄다는 소식에 마을 사람들이 모여들었다.

"많이들 모였군."

마을 광장에는 농군이의 박 두 개와 사또의 박 두 개, 총 네 개의 박이 놓여 있었다.

"와리야, 네 개의 박 중 가장 가벼운 것과 무거운 것은 무엇이냐?"

사또가 나에게 물었다.

'쳇. 그냥 자기가 하면 안 되나?'

나는 네 개의 박을 하나씩 들어 보고 무거운 순서대로 놓았다.

"하나하나 다 들어 보니, 농군이의 3번 박이 가장 가볍고, 사또님의 4번 박이 가장 무거워요."

"그래? 그럼 재미를 위해 가장 가벼운 것부터 열어 볼까? 그래야 가장 무거운 내 박을 열 때 기대가 클 테니 말이다."

사또의 말에 농군이는 3번 박을 타기 시작했다.

퐁!

박이 열리더니 분홍색 액체가 담긴 유리병이 나왔다. 유리병에는 '평생 아프지 않고 오래 살 수 있게 해 주는 물약'이라고 써 있었다.

'애걔. 고작 유리병? 용왕님 알고 보니 통이 작은 분이시네.'

나는 속으로 생각했다.

"사또님, 저는 이것도 좋아요. 여러분, 이거 좋은 약이라 하니 모두 한 모금씩 나눠 마셔요."

농군이는 물약이 든 유리병을 사람들에게 줬다. 사람들은 박수를 치며 고맙다고 하면서 한 모금씩 나눠 마셨다.

"자, 남아 있는 농군이의 1번 박을 열어 봐."

"네, 사또님."

농군이는 사또의 재촉에 1번 박을 탔다.

퐁.

역시 얼마 지나지 않아 박이 열렸다. 이번에는 나무 상자 하나가 나왔다.

"보석 아냐? 얼른 나무 상자를 열어 보거라."

농군이가 나무 상자를 열었다.

사또의 기대와는 달리, 초콜릿이 여러 개 담겨 있었다.

"어, 농군아, 초콜릿에 '한 알만 먹어도 행복해지는 초콜릿'이라고 적혀 있어!"

내 말에 농군이가 기뻐하며 말했다.

"그래? 정말 귀한 것이로구나."

"농군이 네 녀석은 이깟 초콜릿으로 그리 감동하니, 평생 가난했지. 초콜릿? 쳇."

"헤헤, 그런가요? 여러분, 이거 한 알만 먹어도 행복해질 수 있다니, 이것도 나눠 먹어요."

농군이는 박에서 나온 초콜릿을 마을 사람들에게 돌렸다. 이번에도 사람들은 박수를 치며 고맙다고 했다.

"자, 이제 내 차례로군. 어떤 박부터 열어 볼까? 그래, 두 개 중에서 더 가벼운 2번 박부터 열어 봐야겠다."

"사또님, 제가 도와드릴게요."

"됐다. 저리 가라. 내가 할 테니."

선물을 독차지하고 싶었던 사또는 혼자서 박을 타기 시작했다.

박은 한참 만에 어렵사리 열렸고 펑 하는 거대한 소리와 함께 검은 연기가 피어올랐다. 이내 검은 연기는 사람의 모습이 되었다.

"귀…… 귀신이다."

"귀신 아니에요. 사또 아저씨가 누구예요?"

"네가 내 선물이더냐? 내가 사또다. 뭘 줄 것이냐?"

"아하, 아저씨가 제 주인이군요. 앞으로 평생 아저씨와 떨어지지 않을 거예요. 제 이름은, '무거움'이랍니다!"

자신을 무거움이라고 말한 연기 녀석이 사또에게 어부바하듯 매달렸다.

"아이, 무거워! 저리 떨어져!"

사또가 무거움을 떼어 내려 했지만, 녀석은 좀처럼 떨어지지 않았다.

"안 되겠어. 얼른 다음 박을 타야겠군. 4번 박아, 제발 내게 귀한 것을 주려무나."

사또는 무거움을 어깨에 두른 채 4번 박을 타기 시작했다. 한참을 낑낑대며 박을 탔고, 마침내 펑 소리와 함께 흰 연기가 피어올랐다.

"저는 가벼움이랍니다. 무엇을 도와드릴까요?"

"네가 '가벼움'이구나. 제발 내 어깨에 있는 이 무거운 녀석을 떼어 내 주어라. 무거워 죽겠다!"

"그럼 무거움 대신 제가 평생 아저씨와 떨어지지 않을 거예요."

"그래그래. 제발, 이 무거움을 떼어 내 줘!"

가벼움은 무거움을 떼어 내고선 대신 사또에게 어부바하듯 매달렸다.

"그래. 가벼우니 한결 낫구나."

바로 그때, 나뭇가지가 요란하게 흔들리더니 바람이 거세게 불어오기 시작했다.

한 아주머니가 큰 소리로 외쳤다.

"오늘부터 때늦은 태풍이 분다고 하네요. 얼른 들어갑시다."

"그래요."

마을 사람들 모두 서둘러 집으로 돌아갔다.

와리와 농군이, 사또는 아직 자리를 떠나지 않았는데 거센 바람이 불어왔다. 엄청난 바람에 우리 모두 눈을 가렸다. 그때였다.

"내 몸이 왜 이러지? 으아아악!"

사또가 바람에 날리기 시작했다.

"무거움을 떼어 내면 제가 평생 같이 있어도 된다고 했잖아요. 떨어지지 않을 거예요."

이번에는 나뭇잎처럼 가벼워진 사또가 바람에 날리는 제 몸을 가누지 못했다.

"으아아앙. 난 욕심쟁이 아냐. 콩 한 쪽도 강아지와 나눠 먹는다고!"

사또가 울음을 터뜨렸지만 바람은 점점 더 거세졌다. 공중에 뜬 사또는 커다란 나무에 쿵! 담벼락에 쿵! 하며 부딪혔다.

그런 사또가 바람에 날리는 비닐봉지 같아서 나도 모르게 픔! 하고 웃음이 터졌다.

며칠 뒤, 우렁이 각시에게서 편지가 왔다.

와리에게,

와리야, 사실 박씨는 아버지가 심술궂은 사또를 시험해 보려고 보낸 선물이었어. 욕심쟁이 사또는 분명 더 크고 더 무거운 것을 선택할 거라고. 우리 아버지 생각이 맞았어. 작전 대성공!

우렁이 각시가

'세상에나, 역시 용왕님이다.'

비록 자신의 딸이 몰래 땅 위에 놀러 갔다는 말에 화가 나 딸을 우렁이로 변신시킨 무서운 분이지만 말이다.

얼마 뒤 용왕은 땅 위에서 살고 싶어 하는 자신의 딸에게 우렁이로 변하는 벌을 중지하고, 아름다운 모습 그대로 땅 위로 보냈다. 그날 이후 농군이와 우렁이 각시는 하루하루 행복하게 살고 있다.

집에 돌아오니, 엄마가 잠시 마트에 가신 틈을 타 시우가 게임 중이었다. 심지어 다 먹은 과자 봉지를 바닥에 그대로 둔 채.

'엄마가 집에 오면 시우가 혼나겠지? 모른 척해 버려?'

에이, 아니다. 그래도 소중한 가족이니 내가 대신 치워 줘야지 뭐. 내가 시우의 우렁이 각시가 된다면 나도 더 행복하게 살 수 있겠지?

옛날 사람들은 어떻게 무게를 쟀을까요?

조선 시대에는 물건에 따라 무게 단위의 이름이 달랐습니다. 고기, 채소, 과일의 무게 단위는 '근'으로 불렀습니다. 고기 1근은 600g(그램), 채소나 과일의 1근은 375g으로 각각 달랐습니다.

감자, 고구마, 무 등과 같이 무거운 채소와 무거운 쇠, 종이 뭉치 등을 재는 무게 단위는 따로 있었는데요, 바로 '관'이라고 합니다. 1관은 3750g, 즉 3.75kg입니다.

몸이 건강해지는 감초나 인삼 같은 한약재를 재는 단위는 '냥'을 썼습니다. 1냥은 37.5g입니다.

★ 빈칸에 알맞은 말을 보기에서 골라 적어 보세요.

보기   근, 냥, 관

 ① 돼지고기 두 ☐ 주세요.

② 감초 한 ☐ 주세요.

 ③ 감자 한 ☐ 주세요.

정답: ① 근, ② 냥, ③ 관

"우리 다 같이 축하할 일이 생겼어요. 우리 반 '아우'와 '형'이 세상에서 가장 '의좋은 형제'로 뽑혔답니다."

선생님의 말에 모두 일어서서 박수를 쳤다.

이상한 학교에서 가장 듬직한 아우와 형은 우리 동네에서 가장 사이좋게 지내는 형제로 유명했다. 그런데 세상에서 가장 '의좋은 형제'로 인정을 받다니! 정말 대단하다.

아우가 우리에게 말했다.

"모두 고마워요. 내일 작은 잔치를 열 예정인데, 모두 와 주세요."

"그럼요!"

아우와 형은 '의좋은 형제'로 뽑히면서 큰 선물을 받았다고 했다. 바로 넓은 땅과 곡식을 담을 수 있는 커다란 항아리들을 말이다.

나와 이상한 학교 친구들은 물론 동네 사람들도 잔치에 참석했다. 아우와 형이 준비한 음식들은 하나같이 맛있었다.

"어쩜 형제가 이리 다정하누. 우리 집 형제 녀석들은 매일 싸우는데 말이지."

동네 할머니가 부러운 듯 둘을 칭찬했다.

"저는 쑥스러워요. 모두 형님이 제게 양보한 덕분인 걸요."

"아니에요. 아우가 항상 저를 위해 자신의 것을 양보해 준 덕분이

지요."

 나는 둘을 보며 생각했다. 나라면 이게 다 내가 잘해서라고 할 텐데…….

 나는 두 형제가 겸손하니까 사람들이 칭찬하는 것이라고 생각했다. 그러다 시우를 떠올렸다.

 '친형제는 아니지만 그래도 시우가 나의 형제인데, 우리도 의좋은 형제가 될 수 있을까?'

잔치가 끝난 후 집으로 가는 길이었다. 넓은 밭에 아우의 모습이 보였다.

"아우님, 오늘 잘 먹었습니다."

"와리구나. 그럼 이상한 학교에서 보자꾸나."

인사를 하고 집에 가려고 하는데, 문득 아우의 이마에 송골송골 맺힌 땀방울이 보였다.

"아우님, 제가 도와드릴게요. 저 힘도 세고 일도 잘해요."

"그래 주면 고맙지. 여기 땅 좀 봐

줄래? 내가 가운데 금을 그었는데, 어느 쪽이 더 넓은 것 같니?"

이 땅은 두 형제가 '의좋은 형제'로 뽑히면서 받은 땅이라고 했다. 나는 정확하게 보기 위해 이 넓은 땅이 한눈에 보이는 언덕으로 올라갔다. 그리고 아우가 들리게 큰 소리로 외쳤다.

"아우님! 지금 서 있는 오른쪽이 왼쪽 땅보다 아주 조금 넓어 보여요."

"조금? 잠시만."

아우는 오른쪽이 조금 더 넓어 보인다는 말에 아까보다 더 왼쪽으로 금을 그었다.

"지금은?"

"지금은 서 계신 오른쪽이 훨씬 넓어요."

"알았어. 고마워!"

나는 아우의 행동에 갑자기 궁금한 게 많아졌다.

'상으로 받은 땅을 나누려는 것 같은데, 왜 한쪽을 더 넓게 하려는 것이지?'

나는 아우에게 가 물었다.

"이 땅을 둘이 공평하게 나누기로 했는데, 형님네는 자식이 많거든. 그러니 더 넓은 땅을 가져야지."

"그럼 둘이서 그렇게 나누면 되잖아요."

"에이. 형님에게 직접 말하면, 안 된다고 할 게 뻔해. 형님은 항상 내게 양보하거든."

나는 아우의 따뜻한 마음에 가슴이 몽글몽글해졌다.

"그런데 아우님, 저기 있는 것들은 뭐예요?"

"응, 저건 씨앗을 미리 심어 놓는 '모판'이라고 해. 아, 한 번 더 도와줄 수 있니?"

"그럼요."

"아무래도 형님이 더 넓은 땅에 농사를 지으려면, 더 넓은 모판이 필요할 거야."

모판은 여러 개였다. 모판은 직사각형과 정사각형 모양이지만 넓이는 제각각이었다. 아우가 두 개의 모판을 들고 왔다.

"흠. 이걸 어떻게 비교한담."

나는 고민 끝에 한쪽 모서리를 맞춰 포개어 비교하면, 같은 기준에서 비교할 수 있으니 좋을 것 같다고 말했다. 아우는 좋은 생각이라며 기뻐했다.

"둘을 포개어 보니 앞에 있는 모판(가)이 뒤에 있는 모판(나)보다 가로는 한 뼘 정도, 세로로는 반 뼘 정도 짧아요."

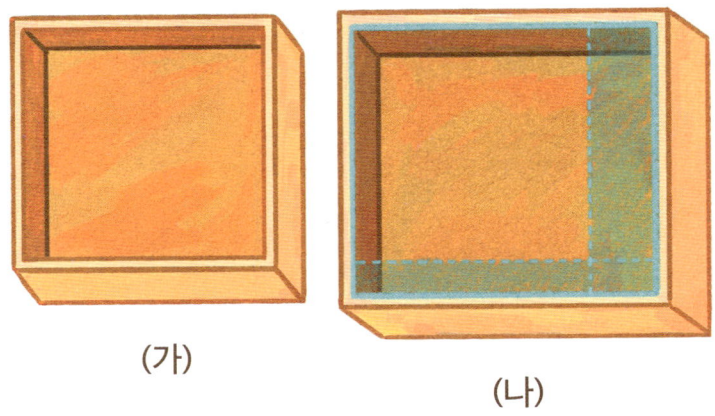

(가)   (나)

"그래, 뒤의 모판(나)이 앞의 모판(가)보다 더 넓구나. 그럼 이것도 한 번 볼까?"

이번에는 직사각형 모양의 모판 두 개를 가져왔다. 아까처럼 두 개를 포개어 보았다.

"이건 앞에 있는 모판(다)이 뒤에 있는 모판(라)보다 가로는 더 긴데, 세로는 더 짧아요."

"그러게. 애매한걸. 어떻게 하지."

아우와 나는 잠시 고민에 빠졌다.

갑자기 나에게 좋은 생각이 떠올랐다. 서둘러 나는 가방을 열어 손거울을 꺼냈다.

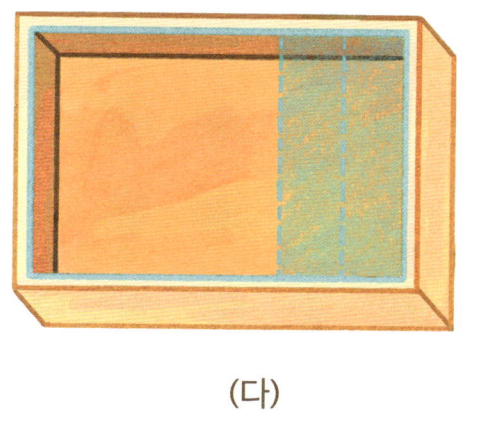

(다)

(라)

"와리야, 그게 뭐니?"

"저 같은 멋쟁이 강아지의 필수품, 손거울인데요. 좋은 생각이 떠올랐어요."

"그래?"

"이 작은 손거울을 저 모판(다) 위에 몇 개 놓을 수 있는지 세어 보는 거예요. 더 많이 놓을 수 있는 쪽이 더 넓겠죠?"

"그러네. 얼른 해 보자."

아우는 두 개의 모판을 바닥에 뉘었다.

와리는 정사각형 손거울을 모판 제일 귀퉁이에 맞춰 놓고, 손거울을 옆으로 굴려 가며 몇 개가 들어갈 수 있는지 세어 보았다.

"이 모판(다)에는 손거울이 가로로 6번, 세로로 4번, 그러면 하나, 둘, 셋⋯⋯ 총 24개가 들어갈 수 있어요."

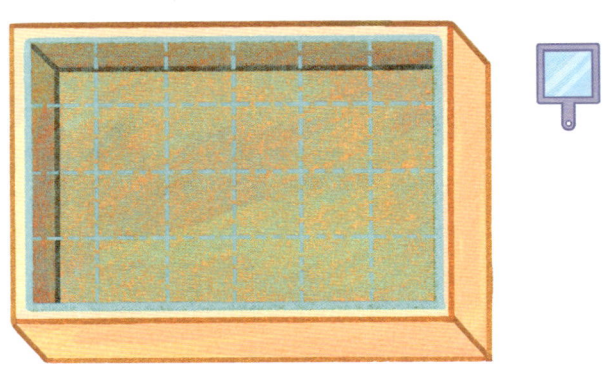

"그래. 다른 모판(라)은 내가 세어 봤는데, 손거울이 가로로 4번, 세로로 5번. 그러면 4 곱하기 5는 20. 총 20개가 들어갈 수 있구나."

아우는 곱셈도 척척 잘했다.

"그럼 아우님이 가지고 있는 그 모판이 더 넓네요."

"그래. 이건 형님 거! 하하하."

우리는 그렇게 더 넓은 땅, 더 넓은 모판을 구분했다.

"와리 덕분에 금방 끝낼 수 있었구나!"

아우는 행복한 듯 빙그레 웃었다.

나는 그 모습을 보면서 덩달아 웃었다.

며칠 뒤, 길을 지나고 있는데 형이 보였다. 지난번 상으로 받은 항아리를 들고 낑낑대고 있었다.

"형님, 도와드릴까요?"

"어, 와리로구나. 그래. 도와주면 고맙지."

"뭐 하는 거예요?"

"이번에 농사가 잘되어서 곡식을 많이 수확했어. 곡식 담을 항아리를 아우하고 나누려고 해."

"그런데 항아리 크기가 다 달라요. 어떻게 나누면 될까요?"

"음. 일단 같은 크기인 것들은 하나씩 가지면 되고, 나머지들 중에서는 더 많이 담을 수 있는 것을 아우에게 주려고."

"아우님 말로는 형님 식구들이 더 많다던데요? 그럼 형님이 더 많이 담을 수 있는 항아리들을 가져야 하는 거 아니에요?"

"우리 아우가 새집으로 이사 간 지 얼마 안 됐어. 그래서 필요한 것들이 많을 테니, 더 많이 가져가야지."

'아, 이게 아우님이 얘기하던 형님의 양보인가 보네. 훈훈하다.'

나는 아우나 형이나 둘 다 서로를 위하는 모습에 흐뭇해졌다.

"와리야, 이건 비밀이야. 내가 양보한 걸 알면 동생이 또 몰래 자기가 더 적은 것으로 바꿀 테니까."

형과 나는 항아리들을 구분해 나누기 시작했다.

"형님, 이것과 이것은 크기가 같아요. 그럼 똑같이 들어가겠죠?"

"그래. 이건 하나씩 나누자."

똑같이 생긴 항아리는 공평하게 하나씩 나눴다.

"여기 이건 제 몸통만 하고, 저건 제 키만 해요."

"하하, 그러고 보니 그렇네. 그럼 와리 네 몸통만 한 항아리를 내가 가지고, 네 키만 한 항아리를 동생에게 줘야겠다."

나는 동생을 생각하는 형의 모습을 보면서 기분이 좋아졌다. 그래서인지 옆에서 일을 돕는 게 하나도 힘들지 않았다.

"그런데 형님, 이 두 항아리 좀 봐 주세요."

항아리 하나는 통이 넓은데 키가 낮았고, 다른 하나는 통이 좁은데 키가 컸다.

"어떤 항아리에 더 많이 넣을 수 있을까요?"

"흠…… 애매한 크기로구나. 아! 이렇게 해 보는 건 어떨까?"

형은 귀엽게 생긴 조롱박 바가지를 들고 왔다.

"각각의 항아리에 물을 담아 보자. 이 바가지로 몇 번 담을 수 있는지 세어 보고, 더 많은 물이 담긴 항아리를 아우에게 주는 거야."

"좋은 생각이에요!"

나는 바가지로 물을 담기 시작했다. 키가 큰

항아리에는 총 17번 물을 넣으니 가득 찼고, 키가 낮은 항아리에는 총 14번의 물을 넣으니 가득 찼다.

"형님, 키가 큰 항아리에 더 담을 수 있어요."

"좋아. 그럼 키 낮은 놈을 내가 갖고, 키가 큰 항아리는 아우에게 주자. 자, 그럼 마지막으로 세 개가 남았는데, 어떤 것에 가장 많이 담을 수 있을까?"

형이 가리킨 곳에는 세 개의 항아리가 남아 있었다.

하나는 물잔 크기였고, 하나는 생수병 크기, 마지막 하나는 시우 키만큼 큰 항아리였다.

"에이, 한눈에 봐도 이 항아리가 큰 걸요. 이걸 아우님에게 주면…… 형님은 나머지 두 개 가지시면 되겠다."

"아냐. 물잔 크기의 항아리는 내가 갖고, 생수병 크기의 항아리는 아우에게 줄 거야."

"그럼 남아 있는 제일 큰 항아리는요?"

"이 항아리에는 곡식을 가장 많이 담을 수 있으니, 마을 사람들에게 나눠 주려고 해."

"이렇게나 많이요?"

"이제껏 마을 사람들의 도움을 많이 받았는걸. 우리 형제에게 의좋은 형제라고 칭찬도 해 주고. 오히려 우리 형제가 큰 선물을 받은 것 아니겠니? 그래서 베풀고 싶어. 아우도 나와 같은 마음일 거야."

결국 곡식을 가장 많이 담을 수 있는 항아리는 마을 사람들의 몫으로 돌아갔다. 항아리를 받은 마을 사람들은 두 형제에게 고맙다고 했다. 그 모습을 본 나는 기분이 좋았다.

집으로 돌아오니, 엄마가 강아지도 먹을 수 있는 우유를 간식으로 주었다.

"시우야, 이 우유 와리랑 사이좋게 나눠 마시렴."

시우는 우유를 살펴보더니 눈금이 그려진 유리컵에 가득 채운 뒤 내 우유 접시에 부어 주었다.

'시우, 이 녀석, 분명 자기가 더 많이 마시겠지?'

나는 접시의 우유를 할짝거리며 시우 쪽을 보았다. 시우는 조금 전 그 눈금이 그려진 유리컵에 우유를 부었다. 우유가 눈금을 넘어 유리컵에 찰랑거릴 정도로. '역시나' 하고 있는데, 시우가 유리컵을 들고 흘리지 않게 조심조심 내게로 왔다.

"와리야, 이거 먹고 건강해져라."

시우는 내 접시에 우유를 더 담아 주고 남은 것을 마셨다. 와, 시우의 이런 모습 처음이다.

'시우야, 우리도 의좋은 형제가 될 수 있겠지? 오늘은 조금 고마워.'

나는 우유를 맛있게 먹으며 생각했다.

들이의 단위를 알아볼까요?

들이의 단위에는 L(리터)와 mL(밀리리터)가 있습니다. 우리 집 안에도 'L'나 'mL'의 물건이 있습니다. 만약 냉장고에 우유, 생수병, 콜라가 있다고 생각하고 자세히 한번 살펴볼까요? L나 mL 표기가 보이나요?

L나 mL는 음료나 세제 등 보통 액체가 들어 있는 물건에 사용합니다. 그런데 곰곰이 생각해 볼까요? 쓰레기봉투도 10L나 20L 등으로 나타내지요? 이렇게 L나 mL는 물, 우유, 주스와 같은 액체뿐만 아니라 쌀, 보리와 같은 곡식을 컵이나 그릇에 담았을 때 들어가는 양을 말하는 단위입니다.

★ 지금부터 집 안에서 'L'이나 'mL'로 표기된 물건을 한번 찾아보세요.

● 책 속 부록 ●

개념이 속속 들어오는
엄마표 수학놀이

▶ 유튜브 '수랄라TV'에서 쉽고 재미있는 수학 콘텐츠를 제작하고 있는 엄마, 수랄라쌤이 추천하는 수학놀이로 개념과 원리를 꼭꼭 다져 주세요!

모델 곽준서, 곽현서

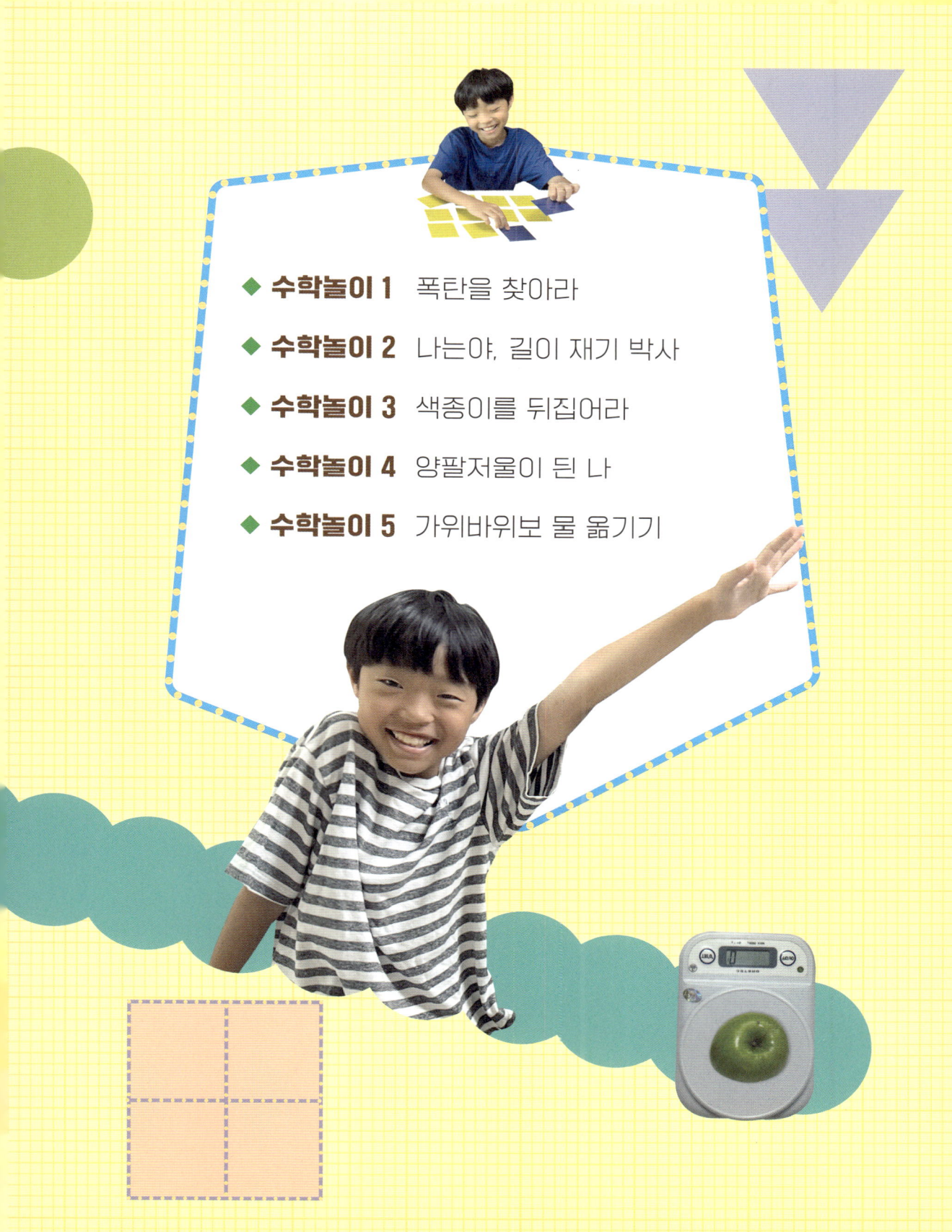

- ◆ **수학놀이 1** 폭탄을 찾아라
- ◆ **수학놀이 2** 나는야, 길이 재기 박사
- ◆ **수학놀이 3** 색종이를 뒤집어라
- ◆ **수학놀이 4** 양팔저울이 된 나
- ◆ **수학놀이 5** 가위바위보 물 옮기기

폭탄을 찾아라

★ **준비물** 담요, 스티커(또는 마스킹테이프), 서로 다른 크기의 책 세 권 이상, 폭탄 카드, 여러 가지 물건(클립, 지우개, 딱풀 등)

★ **놀이 목표** 여러 가지 물건으로 길이 재기

★ **놀이 효과** 우리는 길이를 잰다고 하면 '자'를 제일 먼저 떠올리지만 신체 일부를 단위로 사용하거나 물건이나 도구를 통해 길이를 어림해 잴 수 있습니다. 이때 길이를 측정하는 도구에 따라 길이의 측정 결과가 달라질 수 있습니다. 이 과정에서 표준 단위의 필요성과 중요성을 이해할 수 있습니다.

놀이 방법

❶ 신체의 일부를 단위 길이로 정하여 길이를 잴 수 있어요. 예를 들어 한 뼘의 길이로 길이를 재어 보세요.

- **엄마:** 우리 준서의 다리 길이를 재어 볼까? 한 뼘, 두 뼘, 세 뼘, 네 뼘!
- **아이:** 간지러워요~!
- **엄마:** 이번엔 우리 준서가 몇 뼘인지 재어 볼까?
- **아이:** 한 뼘, 두 뼘, 세 뼘, 네 뼘, 다섯 뼘! 어? 엄마가 쟀을 때랑 달라요!

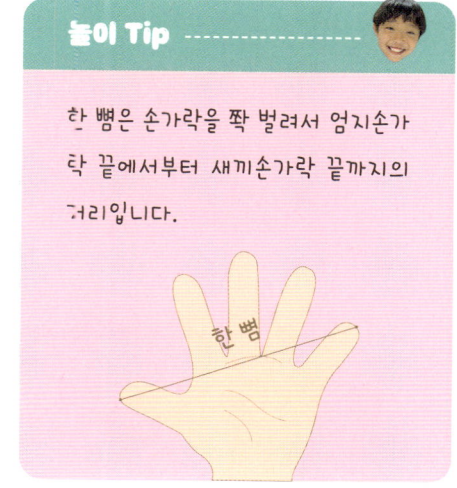

놀이 Tip

한 뼘은 손가락을 쫙 벌려서 엄지손가락 끝에서부터 새끼손가락 끝까지의 거리입니다.

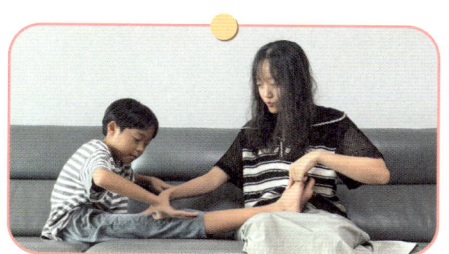

❷ 클립, 지우개, 딱풀, 휴대 전화 등 여러 가지 물건을 단위로 길이를 재어 보세요.

- **엄마:** 딱풀로 이 책의 길이를 재어 보자. 한 번, 두 번! 이 책의 세로는 딱풀로 두 번이네! 이번엔 클립으로 이 책의 세로를 재어 볼까?
- **아이:** 한 번, 두 번, 세 번, 네 번, 다섯 번, 여섯 번! 여섯 번이요!
- **엄마:** 그러네! 클립과 딱풀의 길이가 다른 만큼 물건의 길이를 재는 횟수도 달라지네.

❸ ①~②의 활동을 통해 길이 재기를 이해했다면 아이와 함께 폭탄 찾기 게임을 시작해 보세요. 엄마는 미리 준비한 책 하나에 메모지로 만든 폭탄 카드를 몰래 숨겨 주세요.

❹ 특정 물건(클립, 딱풀 등)으로 잰 책의 길이를 아이에게 단서로 알려 주세요. 이때 크기가 다른 책을 세 권 이상 준비해 주세요. 아이는 단서에 따라 책의 길이를 재어 보며 숨겨진 폭탄 카드를 찾습니다.

- **엄마:** 폭탄은 책의 길이가 짧은 쪽을 지우개로 다섯 번 잰 길이의 책 속에 숨겨 두었어.
- **아이:** 오! 이 책이다!

❺ ④번 활동을 확장해서 폭탄 찾기 게임을 해 보세요. 엄마는 아이가 가져온 여러 가지 단위를 사용해 매트(또는 거실 바닥) 길이를 재어 폭탄의 위치를 스티커로 표시해 주세요.

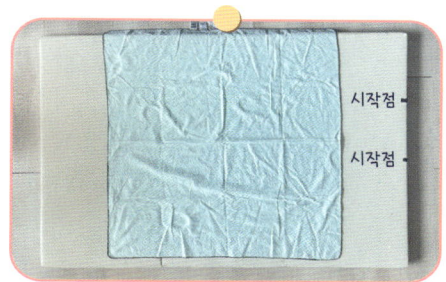

❻ 시작점을 마스킹테이프로 표시한 뒤, 게임을 진행할 때 폭탄의 위치를 표시한 스티커가 보이지 않도록 그 위에 담요를 덮어 주세요.

- 엄마: 눈을 감으렴. 한 번, 두 번, 세 번, 네 번, 다섯 번, 여섯 번! 표시 완료!
- 아이: 어디서부터 길이를 재요?
- 엄마: 마스킹테이프로 표시한 부분이 시작점이야.

❼ 게임이 끝난 후에는 여러 가지 측정 도구를 사용하여 길이를 잰 점에 대해 이야기를 나눠 보세요.

- 엄마: 여러 가지 측정 도구로 길이를 재어 보니 어땠어?
- 아이: 같은 물건으로 길이를 재도 정확한 위치를 못 맞혔을 땐 속상했어요.
- 엄마: 그랬구나. 그래서 정확히 측정하려면 기준이 필요한데, 그 도구가 바로 '자'란다.

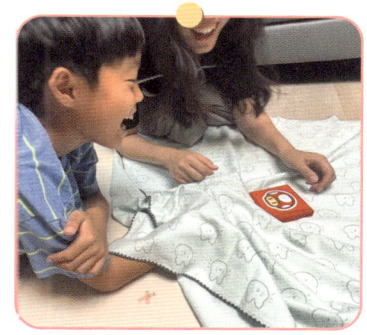

폭탄

나는야, 길이 재기 박사

★ **준비물** 줄자, 자, 종이컵(380ml 약 50개)

★ **놀이 목표** 길이 양감 기르기

★ **놀이 효과** 아이는 주변 물건의 길이를 어림해 보고, 직접 종이컵을 1m 높이로 쌓아 보는 과정에서 길이에 대한 양감을 기를 수 있습니다. 이 과정에서 어림한 물건의 길이를 자로 직접 측정해 보며 측정 도구의 정확한 사용법도 익힐 수 있습니다.

> 놀이 방법

❶ 아이에게 길이를 재고 싶은 물건을 가져오라고 한 다음 함께 '자'로 재어 보세요.

- **엄마:** 엄마랑 클립으로 길이 재기를 했었는데 이번에는 자로 1센티미터가 몇 번 들어가는지 확인해 볼까?
- **아이:** 한 번 두 번 세 번…… 여섯 번! 여섯 번이요!
- **엄마:** 1센티미터가 여섯 번이니까 카드의 짧은 쪽 길이는 6센티미터라고 말하면 된단다.
- **아이:** 6센티미터!

❷ 1cm 길이를 이해한 아이에게 1cm 물건을 가져오라고 해 보세요. 그런 다음 자로 물건을 재어 보세요.

❸ ❷번 활동을 이해한 아이에게 10cm 물건을 가져오라고 해 보세요. 그런 다음 자로 물건을 재어 보세요.

- **엄마:** 1센티미터가 열 번 들어가는지 자로 재서 함께 확인해 볼까?
- **아이:** 와! 10센티미터인 걸 찾아내다니. 역시 내 눈은 정확해요. 우하하!

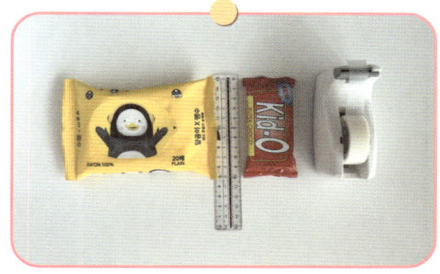

❹ ③번 활동을 이해한 아이와 1m에 대해 알아보세요. 미리 준비한 종이컵을 1m만큼 높이 쌓습니다. 이때 나의 키를 생각하며 1m를 어림해 보세요.

❺ 줄자를 이용하여 쌓은 종이컵의 길이를 재어 보세요.

• **엄마:** 높이가 100센티미터가 되도록 종이컵을 쌓아 볼 거야. 우리 준서 키가 130센티미터니까 100센티미터는 어느 정도일까?
• **아이:** 이게 10센티미터였잖아요. 음…… 이 정도요?
• **엄마:** 오~ 맞는 것 같은데? 그럼 100센티미터 높이로 쌓아 볼까?

❻ 1m 높이 만큼 종이컵을 쌓아 보세요. 그다음 종이컵을 무너뜨리며 스트레스를 해소해 보세요.

생각해 보는 수학 Tip

- 100cm = 1m   • 10cm 물건이 열 개 모이면 100cm

상황에 따라 단위를 적절하게 사용하려면 평소 실생활에서 길이를 많이 어림해 봐야 한다는 사실을 잊지 마세요!

색종이를 뒤집어라

★ 준비물 　양면이 다른 색인 색종이 여섯 장, 손코팅 필름

★ 놀이 목표 　넓이 비교하기

★ 놀이 효과 　이 놀이는 넓이(일정한 평면에 걸쳐 있는 공간이나 범위의 크기)의 개념을 배울 수 있습니다. 또한 아이는 놀이를 통해 내 영역과 상대방의 영역을 비교하는 과정에서 '넓다', '좁다'와 같은 표현을 자연스럽게 익힐 수 있습니다. 정사각형 색종이를 활용하여 단위 넓이에 대한 감각을 키우고, 이를 통해 넓이를 비교하는 방법을 배울 수 있습니다.

> **놀이 방법**

❶ 양면(앞면, 뒷면)이 다른 색종이를 여섯 장 준비한 다음, 4등분해서 잘라 주세요. 이때 색종이에 손코팅 필름을 붙이면 더 오래 사용할 수 있어요.

❷ 넓이를 비교하는 방법으로 책을 이용해 보세요. 엄마와 아이가 각자 좋아하는 책을 가져와 보세요. 이때 두 개의 책을 포개어 넓이를 비교해 보세요.

- **엄마:** 우리 준서가 좋아하는 책을 가져올까? 엄마도 엄마가 좋아하는 책 가져올게!
- **아이:** 엄마, 전 이 책이 제일 좋아요!
- **엄마:** 준서가 가져온 책이랑 엄마가 가져온 책 중에 어느 책이 더 넓을까?
- **아이:** 딱 봐도 엄마 거요!
- **엄마:** 정말 그런지 두 개의 책을 한번 포개어 볼까?
- **아이:** 네.
- **엄마:** 정말로 준서가 가져온 책이 엄마가 가져온 책보다 가로와 세로 모두 짧네.

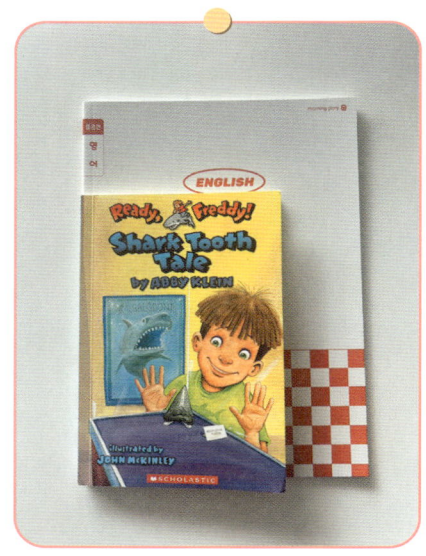

❸ ②번 활동으로 넓이의 개념을 이해했다면 아이와 함께 '색종이 뒤집기' 게임을 해 보세요. 이때 형제자매가 있다면 형제자매와 함께 게임을 해 보세요.

❹ 내 영역의 색종이 개수가 더 많아지도록 제한 시간 60초 동안 서로 색종이를 뒤집어 보세요.

- 엄마: 제한 시간 60초 동안 상대방의 색종이를 뒤집고, 내 영역에 있는 색종이를 모아 펼친 뒤 각자의 넓이를 비교해 볼 거야.
- 아이: 제 파란색 색종이 개수가 노란색 색종이 개수보다 더 많으면 제가 이기는 거네요!
- 엄마: 맞아! 색종이 개수가 더 많을수록 넓이가 더 넓으니까 그 사람이 승리하게 되는 거야!

❺ 내가 뒤집은 색종이들을 모아, 서로 겹치지 않게 잘 펼쳐서 넓이를 비교해 보세요.

- 엄마: 누구의 색종이 넓이가 더 넓을까?
- 아이: 제 색종이 넓이가 누나의 색종이 넓이보다 더 넓어요!
- 엄마: 오, 그렇네! 아쉽지만 누나가 졌네!

생각해 보는 수학 Tip

우리는 길이, 무게, 시간, 양 등의 정도를 나타낼 때 숫자를 사용해요. 하지만 숫자만으로는 정확히 나타낼 수 없어요. 예를 들어 '높이가 10'이라고 하면 10센티미터일 수도 있고 10미터일 수도 있지요. 이처럼 어떤 값을 정확하게 표현하기 위해 센티미터, 미터 등의 단위를 사용해요.

004 양팔저울이 된 나

★ **준비물**   서로 다른 무게를 가진 물건 쌍(예: 사과와 자두, 연필과 지우개, 두 종류의 과자 등), 메모지, 저울

★ **놀이 목표**   물건의 무게 어림하기

★ **놀이 효과**   양손으로 물건의 무게를 느껴 보며 '더 무겁다', '더 가볍다'와 같은 무게 개념을 익힐 수 있습니다. 이 놀이를 통해 아이는 다양한 물건의 무게를 어림할 수 있습니다. 이때 직접 측정하면서 무게에 대한 양감을 키우고, 정확한 측정 방법과 도구 사용법을 배울 수 있습니다. 무게는 시각적으로 판단하기 어려운 개념이기 때문에, 이러한 체험 활동은 수학적 개념을 보다 확실하게 이해할 수 있게 돕습니다.

놀이 방법

❶ 무게 차이가 나는 물건 두 개(사과와 자두, 클립과 지우개)를 준비한 다음, 두 물건을 양손으로 들어 보세요.

- **엄마:** 자두랑 사과 중에 뭐가 더 무거워? 손 위에 올려서 무게를 비교해 볼까?
- **아이:** 사과가 더 무거워요!
- **엄마:** 클립과 지우개 중에 뭐가 더 가벼울까?
- **아이:** 클립이 더 가벼워요!

❷ 양손으로 무게를 어림잡아 본 것을 저울로 측정해 보세요. 저울에 물건을 하나씩 올리고 메모지에 무게를 적어 보세요.

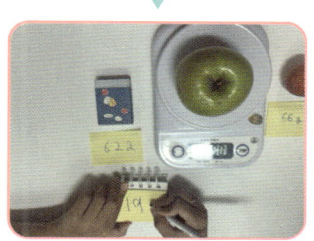

❸ 무게를 적은 메모지를 물건 앞에 놓아 주세요. 이 값을 기준으로, 다른 물건의 무게를 어림해 보는 연습을 해 보세요.

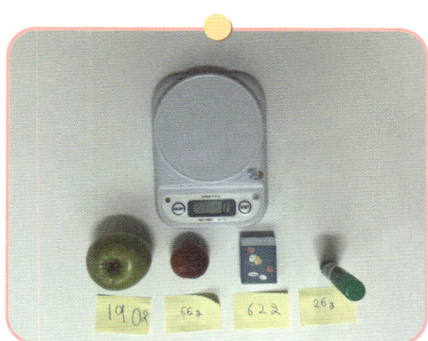

❹ ①~③ 활동을 통해 무게 어림잡기 활동을 했다면, 이제 어림해 볼 무게 카드를 네 가지 이상 만들어 게임을 해 보세요(예: 5g, 10g, 50g, 100g, 200g 등).

- **엄마:** 우리 몇 그램의 무게를 어림해 볼까?
- **아이:** 5그램이랑 10그램도 해 볼래요!
- **엄마:** 좋아! 엄마는 100그램, 200그램을 해 볼게!

❺ 무게 카드 중 하나를 선택하고, 카드에 적힌 무게에 맞는 물건을 찾아보세요. 물건의 무게를 재어, 선택한 카드의 무게와 비슷한 물건을 찾았다면 성공입니다.

생각해 보는 수학 Tip

두 물체의 무게가 비슷할 때는 무게를 비교하기 어렵습니다. 비슷한 무게로 보이는 과자 봉지에 적힌 무게를 확인하면서 무게 단위인 g(그램)을 알아보세요.

005 가위바위보 물 옮기기

★ **준비물**   여러 가지 크기의 컵 또는 그릇(네 개), 투명한 통(1L 이상 두 개), 계량컵

★ **놀이 목표**   들이 개념 이해하기

★ **놀이 효과**   아이는 물을 옮기는 과정을 통해 용기의 크기에 따라 물을 옮기는 횟수가 달라짐을 경험합니다. 이 놀이를 통해 아이는 그릇의 크기에 따라 물이 들어가는 양이 다름을 이해할 수 있습니다. 들이는 시각적으로 판단하기 어려운 개념이기 때문에, 이러한 체험 활동은 들이의 개념을 익히는 동시에 수학적 사고력을 키울 수 있게 돕습니다.

놀이 방법

1 집 안의 있는 컵과 그릇을 미리 준비해 주세요. 아이와 함께 '들이'에 대해 이야기를 나눠 보세요.

생각해 보는 수학 Tip

'들이'란 그릇 안쪽의 공간 크기를 말해요. 아이들이 부피나 들이 개념을 어려워하기 때문에, 다양한 크기의 컵과 용기를 준비하여 직접 경험을 통해 쉽게 이해할 수 있도록 도와주세요. 들이는 '더 많다, 더 적다'로 비교해요.

2 아이가 좋아하는 음료수에서 단위(㎖, L)를 찾아보세요.

3 mL(밀리미터)와 L(리터)라는 단위를 이해한 다음, 물이 가득 담긴 두 그릇을 같은 크기의 종이컵에 따라서 종이컵 개수로 비교해 보세요.

- **엄마:** 어느 그릇에 물이 더 많이 담길까?
- **아이:** 에이, 당연히 이 그릇(왼쪽 그릇, 가)이죠!
- **엄마:** 맞아, 이 그릇이 담을 수 있는 양이 더 많아.
- **아이:** 이 컵은 어느 것의 들이가 더 적을지 모르겠어요!
- **엄마:** 우리 물을 이 종이컵에 따라서 확인해 보자!

- **아이:** 아하! 이 그릇(나)에서 나온 종이컵의 수가 더 적으니까 이 그릇이 담을 수 있는 양이 더 적어요!

❹ ❸번 활동을 통해 들이를 이해했다면 가위바위보 게임을 통해 들이를 눈으로 확인해 보세요. 먼저 1L 이상의 용기를 준비하고, 가위바위보를 통해 물을 옮겨 담을 컵을 선택해요.

- **엄마:** 단, 내가 고른 그릇에 물을 가득 채워서 옮겨 담아야 해. 마지막으로 정확하게 1리터를 채우기 위해서는 담을 수 있는 양이 작은 그릇도 필요하겠지?
- **아이:** 네, 마지막에 작은 그릇을 쓰면 더 정확하게 맞출 수 있을 것 같아요!

❺ 각자의 통에 1L 표시선을 그리세요. 그런 다음 가위바위보를 통해 내가 선택한 컵으로 누가 더 정확하게 1L를 빨리 채우는지 게임을 해 보세요.

❻ 1L만큼 물을 다 채웠다면 정말 1L인지 확인해 보세요.